Jörg Zink

Alles Lebendige singt von Gott

Kreuz Verlag

Wer Wahrheit sucht,
findet sie selten im Lärm
der vielen Stimmen.

Abseits gehen
ist nötig.

Und dann mit offenen Augen sehen,
was auf einsamen Wegen
begegnet:

die Tagseite der Welt
und ihre Nachtseite,
was schön ist
und wunderbar an ihr,
was rätselhaft und schrecklich.

Abseits gehen ist nötig
und wahrnehmen,
was ist.

Es ist gut,
Zeit zu haben
und lange hinzusehen
auf die Erscheinungen dieser Welt,
die Dinge, die Lichter,
die lebendigen Wesen.

Denn alles,
und sei es noch so einfach,
ist eine Hülle des Schöpfers.

Er ist in jedem Stein,
in jedem Blatt,
in jeder Wolke,
der Allgegenwärtige,
in jedem Stück auch
aus der Hand des Menschen.

Wo anders
sollte Gott sein?

Es ist gut,
die Nähe der Dinge zu suchen,
vielleicht gar,
eins zu werden mit allem,
was lebt.

Dann wird uns die Welt leuchten
und durchscheinend sein
wie ein Kristall,
und sie wird erzählen
von der Wahrheit,
die in ihr ist oder unter ihr,
hinter ihr oder über ihr –
sag es, wie du willst.

Haben wir einmal
Christus gesehen,
wird uns alles
durchscheinend sein
auf das göttliche Licht.

Ich sehe –
einen Heidelbeerbusch vielleicht
und das Geäder seiner Blättchen,
das Licht,
das durch die zarte Haut
zwischen den Blattadern fällt.

Die Bibel sagt:
Die Herrlichkeit Gottes
ist in allen Dingen.
Was aber durchscheinend ist an ihnen,
das ist Licht aus Gott.

Ich habe nicht die Augen,
Gottes Licht zu schauen.
Aber die Welt hat Gleichnisse –
und sei es nur das rote Blättchen
am Ast eines Heidelbeerbusches.

Wo ist Gott?
Er ist nicht
im Unsichtbaren allein.

Er ist nicht
im Sichtbaren allein.

Er ist uns am nächsten,
wo Sichtbares und Unsichtbares
ineinander übergehen,
dort, wo die Dinge durchscheinend sind,
wo Formen entstehen und vergehen,
wo ein Wort laut wird
und wieder Schweigen einzieht,

an der Grenze,
an der wir dem Geheimnis begegnen,
uns selbst
und Gott.

Christus ist das sichtbare Bild
des unsichtbaren Gottes,
der älteste Bruder aller Geschöpfe.

In ihm liegt das Geheimnis der Schöpfung
im Himmel und auf Erden.
In ihm ist geschaffen,
was sichtbar ist und was unsichtbar.
Alle Mächte und Kräfte der Natur,
alle ihre Elemente und Gesetze
wurden durch ihn.
Er ist allem voraus,
und alles hat seinen Bestand in ihm.

Kolosserbrief 1, 16-17

Ich suche mir in einem Bach
einen großen,
rundgewaschenen Stein.
Ich nehme ihn in die Hand.

Ich versuche,
durch die harte Außenfläche
von Sandstein
oder Granit zu dringen,
das Licht zu sehen,
das im Stein ist –
nicht das Licht nur
auf seiner Haut,
sondern das Licht,
das im Material ist,
die leuchtende Energie,
die warme Bewegung,
die verborgene Lebendigkeit.

Und wenn mir das nicht geling
Wie will ich dann
das Schwerere denken:
daß Gott im Stein ist
in meiner Hand?

Einen Stein hebe ich auf
und fühle die Schwere Gottes.

Ich lehne mich an einen Baum
und lehne mich an Gott.

Ich ruhe auf der Erde
und ruhe in Gott.

Ich fühle den Wind
und beuge mich
vor dem vorübergehenden Gott.

Ich schließe die Augen
und empfinde die Wärme Gottes
wie die Sonne.

Ich gehe durch eine Welt
von Kampf, Schmerzen,
Leiden und Tod
und weiß: Hier ist Gott.

Ich erlebe die Dunkelheit,
die sich über das Land senkt,
und warte auf Gott.

Das Schweigen möchte ich lernen.
Vielleicht lerne ich,
ein lautloses Wort zu hören
und ihm zu antworten,
Sichtbares wahrzunehmen
und durch das Sichtbare
hindurchzusehen.

Vielleicht gewinne ich
die Kunst,
in einem einfachen Ding
mehr zu sehen als das Ding,
in einem Stein mehr als den Stein,
in einem Blatt mehr als das Blatt,
in einem Menschen mehr
als nur den Menschen
und also in der Welt mehr
als nur die Welt der Sinne.

An einem Ufer
stehe ich und sehe,
wie Gebirge am Himmel aufquellen
oder vergehen,
wie Türme von Wolken sich aufbauen.

Ich fühle die Kräfte,
die da am Werk sind.

Ich kann diese Energien nicht malen.
Ich kann sie nicht schildern,
auch wenn ich weiß,
wie es zugeht da oben.

Aber ich empfinde sie.
Ich kann stärker werden,
indem ich sie aufnehme.
Ich stehe in einem Kraftfeld.
Ich lebe aus ihm.
Und ich weiß: Da sind Kräfte,
von denen unsere Schulweisheit
nichts weiß,
Kräfte aus Gott.

Am Ufer sitze ich.
In der Dunkelheit des frühen Tages,
ehe der erste Schein der Sonne
in den Wolken
oder am Rand des Sternhimmels
spürbar wird.

Wenn das Licht kommt
mit seiner geringen Helligkeit
in allen den Farben,
die uns in der Stunde
vor dem Aufgang der Sonne berühren.

In einem Hauch von Licht
das Licht schauen.
Licht glauben, wo fast kein Licht ist.
Das Licht glauben,
wo im geringsten Anflug von Helligkeit
zu schauen ist, was Licht sei.
Auferstehung glauben
aus der Erfahrung
kaum sichtbaren Lichts.

Es gibt ein Wort,
das mich einmal ergriffen hat
und nicht mehr losgelassen, seit ich jung war:
das Wort »Reich Gottes«.

Was mag das sein?
Vielleicht meint Jesus etwas,
das wie ein Gewebe ist,
das sich dem achtsamen Auge durchzeichnet
durch die gröbere Struktur der Dinge dieser Welt?

Denn es ist viel offener Raum in unserer Welt.
Es kann viel geschehen,
das wir nicht ahnen.
Es kann sich viel ereignen,
das wir nicht erwarten.
Es kann viel werden,
das noch nicht gewesen ist.

Auf das »Reich« warten –
vielleicht heißt es, offen sein
zu allem hin, das begegnet,
denn in allem Begegnenden ist Gott.

Es ist kein Punkt,
an dem Gott nicht wäre:
im Licht der Schönheit
und in der Finsternis des Elends,
in der Erfahrung des Lebendigen
und im Erleiden des Todes.

Es ist keine Kraft,
in der Gott nicht wirkte,
ob sie für uns wirkt
oder gegen uns,
ob sie uns trägt
oder uns niederwirft.

Keine Erkenntnis
lohnt die Mühe,
die nicht am Ende weiterführt
zu einer Erkenntnis Gottes.

Ich liebe Bäume und Felsen,
Bäche und Singvögel,
ich liebe die Wüste und den Sumpf,
das Meer und das Hochgebirge
und die sanften Formen
von »Berg, Hügel, Tal und Feldern«.
Ich habe nichts gegen die Erde,
auch nichts gegen ihre Leiblichkeit,
nichts gegen ihre Vitalität,
nichts gegen Fäulnis
und neues Leben aus der Verwesung.
Ich finde sie gut,
einschließlich von Geburt und Tod
in ihrer tausendfältigen Gestalt.
Ich fühle mich ganz und gar
als ein Wesen dieser Erde,
und ehe ich über Leid, Gewalt und Tod klage,
danke ich immer noch einmal dafür,
daß ich in dieser herrlichen, bedrohlichen,
wunderbaren Welt lebe.

Kein Korn wächst
ohne Gottes Geist.
Kein Blatt formt sich
ohne Gottes Geist.
Keine Frucht reift
ohne Gottes Geist.

Es wächst aus dem Zerfall
alter Bäume
keine junge Pflanze
ohne seinen Geist.

Soll mein Herz lebendig sein,
soll mein Glaube reif werden,
dann muß ich mitleben
mit allem, was neben mir
erfüllt ist
von Gottes Geist.

Nach einem Regen
gehe ich durch das nasse Gra:
Ich atme den Duft
der Erde und des Wassers.

Ich bin ein Wesen
dieser Erde.
Ich gehöre zu Gras und Kraut
Diese wunderbare,
lebendige Erde
ist mein Leben
und mein Lebensraum.
Ich bin aus ihr gemacht
und kehre zu ihr zurück.
Sie wird meinen Leib
wieder aufnehmen,
und vielleicht, irgendwann,
wächst ein Löwenzahn
aus der Erde,
der warmen, lebendigen Erde
zu der mein Leib geworden is

Einen Baum sehe ich liegen,
eben gefällt.
Ich sehe den Schnitt durch seinen Leib,
die Ringe seiner Jahre,
die großen und die kleinen Abstände,
die trockenen und die nassen Zeiten,
die Störungen in der Kreisform,
die Verletzungen, die Verwachsungen.
Ich sehe ein Schicksal.

Und ich sehe,
daß ich an seinem Schicksal beteiligt bin.
Was ich tue am Schicksal
eines der Geschöpfe Gottes,
die alle von ihm ihr Leben haben,
das berührt mich.
Es berührt meinen Glauben.
Es berührt den Sinn, den ich sehe
in meinem Dasein.

Und ich bitte den Baum um Vergebung,
um Vergebung dafür,
daß ich ein Mensch bin.

In schwarzer
Nacht

auf schwarzem
Stein

eine schwarze
Ameise –

Gott sieht sie.

Arabisch

Wirkliche Kraft
kann sehr zart sein,
wirkliches Leben
sehr verletzlich.

Zerstören ist leicht.
Aber ich habe nur
so viel Liebe,
wie ich dankbar empfange.

Ich begreife nur
so viel Wahrheit,
wie Gott mir zeigt.

Es ist nur so viel Licht in mir,
wie er in mir schafft.

Es ist ein ganzes Leben nötig,
Ehrfurcht zu lernen
vor der geringen Kraft.

Heidekraut.
Unscheinbares Leben
zwischen den niedrigen Ästen.
Irgendeine winzige Spinne
spannt ihr Netz,
und das Licht schimmert in ihm
in den Farben des Regenbogens.

Bin ich noch fähig,
sehr fremdes Leben
in seiner eigenen Würde zu achten,
ihm nicht nur meine Aufmerksamkeit,
sondern meine Seele zuzuwenden?

Wie sollte ich aber
von Gott reden, glaubwürdig,
wenn ich ihn nicht mehr wahrnehme,
wo er ist?
Wie sollte ich wissen, wer er ist,
wenn mir sein Werk fremd ist?
Wie sollte ich ihn hören,
da ich doch verlernt habe,
leise Töne zu vernehmen?

Christus ist gegenwärtig.
Ich brauche ihn nicht
in die Welt zu tragen.

»Das Licht«,
sagte Jesus Christus
in seinen letzten Tagen,
»ist noch eine kleine Weile bei euch.
Was ihr tut, das tut im Licht,
solange ihr es habt,
damit nicht die Finsternis euch verschlingt.
Wer kein Licht hat,
sieht seinen Weg nicht.«

»Ich bin das Licht«, sagt Christus.
»Ihr alle seid das Licht der Welt.«

Wir sind es
in dem Maß, in dem wir das Licht spiegeln,
das aus Gott ist.

Die Wände zwischen der Welt
der sichtbaren Dinge,
der Farben und Gestalten,
und jener größeren,
die sie umgibt und durchdringt,
sind durchscheinend.
Nichts ist verschlossen.

Wenn mir die Augen aufgehen,
einmal,
nach dem Gang
durch die Zone des Todes,
sehe ich,
was mir ein Geheimnis war,
und ich erkenne so klar,
wie ich jetzt schon erkannt bin.

Alles, was ich sehe,
ist Spiegel und Gleichnis.

Und wenn meine Welt
dunkel ist und abgründig,
dann glaube ich doch,
daß mich ein Gesicht ansieht,
das vertraute Gesicht
des Bruders Christus.

Das Gesicht des Liebenden
spiegelt sich
im Gesicht des Geliebten.
Alles,
was mein Leben hell macht,
ist Spiegel und Gleichnis.

Dein Licht ist in allen Dingen,
Vater im Himmel.

Ich bin nur,
was ich in deinen Augen bin.
Ich kenne das Geheimnis nicht,
das in mir ist,
bis du es mir zeigst.

Alles spiegelt sich in dir.
Was wahr ist, ist es,
weil du die Wahrheit bist.
Was Leben hat, lebt,
weil du das Leben bist.
Was schön ist, ist schön
durch dich, ewige Schönheit.
Was leidet, leidet mit dir,
und was stirbt,
stirbt in dich zurück,
bis du es neu rufst.

Dein Leben ist in allen Dingen,
Vater im Himmel.

Am Anfang
schuf Gottes Geist
Himmel und Erde.
Gott sprach: Es werde Licht,
und es ward Licht.

Am Anfang
war die schaffende Kraft,
am Anfang
war der gestaltende Wille,
am Anfang war der klare Geist,
der Geist Gottes.

Es wurde eine Welt
voll schaffender Kräfte,
voll gestaltender Energien,
voll klarer, sinnvoller Ordnungen.

Was aber am Anfang war,
das ist heute,
das ist in Ewigkeit.
Gott wird in Ewigkeit sprechen:
Es werde Licht.
Und es wird Licht sein.

Wie blind gehe ich
durch meine Tage.
Aber manchmal gelingt es,
die Augen zu heben.

Da leuchtet ein Abendhimmel
in Gold, in Blau, in Orange.
Und ich sehe einen Trost,
für mich bestimmt.

Ich stehe an der Straße,
und mein Blick fällt auf einen Busch.
Geduldig streckt er seine Zweige;
Zeichen nicht nur der unendlichen Geduld
einer Pflanze,
sondern der Geduld Gottes mit mir.

Ich komme spät nach Hause.
Zwischen Wolken steht der Mond
und sammelt den Himmel
wie zu einer Kuppel.
Schönheit, die mich anrührt
wie ein Wort, das mir gilt.

Herr und Vater,
ich danke dir, daß du da bist
und so nahe.
Ich bete dein Geheimnis an,
du Ursprung und Quelle
aller Dinge und Wesen,
der sichtbaren und der unsichtbaren,
aller Kräfte und Ordnungen,
der meßbaren und der verborgenen.

Im Abglanz der Lichter
und im Spiegel unserer Bilder
schaue ich dein Licht.
Gib mir Augen
und verbirg dich nicht
meinem Herzen.

Ich danke dir,
daß du da bist
und so nahe.

Spiegel und Gleichnis
schaffen unser Bild von Gott.
Im Kreis, in der Rose,
im Wirbel, im Stern
sehen wir:
Was vollkommen ist, ist Gott.
Was umfassend ist, ist Gott.
Was uns einbezieht, ist Gott.

Alles, was ist, ist durch ihn geschaffen,
alles, was ist, erzählt seine Gedanken,
alles, was ist, rühmt seine Weisheit.
In allem, was geschieht,
erfüllt sich sein Plan.

Er ist der Himmel über uns,
die Erde unter uns,
die Höhe und die Tiefe und die Weite.
Wir sind in ihm,
und wir leben, um ihn zu preisen.

2. Auflage (41. – 60. Tausend) 1983

Alle Fotos: Jörg Zink
Gestaltung: Hans Hug
Reproduktionen: Gölz, Ludwigsburg
Satz: Typosatz Bauer, Fellbach
Druck: Süddeutsche Verlagsanstalt, Ludwigsburg
Buchbinderische Verarbeitung: Röck, Weinsberg
ISBN 3-7831-0673-7

In der gleichen Ausstattung wie das Buch,
das Sie in der Hand haben, sind von
Jörg Zink im Kreuz Verlag folgende Bände erschienen:

Jörg Zink
Wenn der Abend kommt

48 Seiten mit 17 Farbfotos, gebunden mit vierfarbigem Überzug

Ein Begleiter für die Abend- und Nachtstunden.
Kurze meditative Texte und Gebete leiten zur Sammlung,
zu Gelassenheit und Zuversicht.

Jörg Zink
Am Ufer der Stille

48 Seiten mit 18 Farbfotos, gebunden mit vierfarbigem Überzug

Wer Gotteserfahrung sucht, kann sich diesem Buch anvertrauen.
Jörg Zink gibt Anleitungen zur Meditation
und zeigt, in welche Tiefe und Weite
das Lauschen auf die Stille führen kann.

Jörg Zink
Mehr als drei Wünsche
Ein Gruß zum Fest

48 Seiten mit 20 Farbfotos, gebunden mit vierfarbigem Überzug

Ein herzhaftes Geschenk für viele Anlässe.
Es enthält Wünsche,
die nicht beschwichtigen, sondern überraschen. Sie machen Mut,
das Leben mit allem Schweren und Schönen anzunehmen.

Kreuz Verlag Stuttgart · Berlin